AF397519

MÄNNEN

Evelina Varas

© Evelina Varas 2018
Förlag: BoD – Books on Demand,
Stockholm, Sverige
Tryck: BoD – Books on Demand,
Norderstedt, Tyskland
I samarbete med: Poesiwerken,
Göteborg, Sverige
Omslag: Lisa Grettve
ISBN: 9789177855316

Till B, allting, alltid

(det sista du sa: din intelligens
skrämmer mig) gick för att bespara

Tack till muserna för ovärderlig inspiration,
i det att jag parasiterade på våra berättelser.

LOGISTIKEN

Jag säger till honom som det blivit

att han utgör en bostad nu

jag säger det i bersån där vi ofta sitter

i regn

berättar

att jag bor

på en instabil och flaxande adress

i hans armar

för första gången på länge

har jag en boplats

att inte stanna på

och han förstår

precis.

Han säger till mig att jag

gärna får komma hem sent

efter att ha knullat en orgie
av rött cellofan

med hela näsan full av nysnö

utan att bära skammen i lager runt
revbenen

eller berätta detaljer

men jag ringer honom mitt i rostat bröd

utan att låtsas om kroppen i sängen

för att återknyta kontakten på soffan

genom hårda slag mot rumpan

när solen redan gått upp

och han tar mig hårdare

än vad den utnötta kroppen i sängen
hade förmått.

Andra kvinnor har skrivit om honom

rentav dikter

men det gör ingenting

bara sporrar

min fattningsförmåga

det ogripbara i

att vi är grannar

inte varandras slutstationer

bara färdvägar

mellanlandningar

det vackraste mellan människor

är avstånden

från en dörr till en annan

en säng till oändlig vaka

regnets tilltagande ovisshet över regnvåta
bladen i vår berså.

Det fanns flera dygn då jag vandrade

genom katakomber

silade tiden i sand mellan låren

förvissad om alla läppar

vilka som helst

innan jag återvände

och han höll mig rak mot väggen

utan minsta rädsla

och sade

gör om det
gör vad du vill
gör allting
jag håller ingenting emot dig

sedan märkte han mina kroppsdelar

precis som jag

bett om.

När jag var yngre bar mitt ansikte inga
spår

av olyckor.

Nu kan jag bara ljuga på bild.

Tungan haltar

även när den formar

om hans bultande hårdhet och försöker
svälja

omfånget.

kan inte

Inser att han vet mer
än jag

till och med om det här
att han varit

en ung man

till äldre kvinnor

som kunnat

suga kuk

felfritt

att min hopsydda verklighet

inte rymmer

hans omättliga

lust.

Mina slemhinnor vacklar runt på gatorna.

Jag kan inte tänka på hur jag ska
minnas honom

eftersom vi sker nu
i höstsolen

som avtar
till förmån för
krasande gråskalor

när han glider förbi ovanpå cykel utmed
oändliga vägar

lådorna med mina böcker baktill

som skvimpar och faller

ner i becksvart

tisdag.

Min läpp väntar och vaktar sitt revir.

Jag har slutat tro att ärrvävnaden
ska ge vika

aldrig får jag kyssa honom

som på trösklar i min ungdom.

Vi har hamnat bredvid varandra

på en fest

i en trädgård

där jag fortfarande tillhör någon annans
osunda behov

av ägande

och han är så rödhårig

att jag inte lyssnar på vad han säger

till mig

när han för första gången fattar min hand

och säger jag vill lära känna dig

utan att mena någonting annat än

att lära

utan och innan

ner i huden ut ur kroppen

kaffekopp.

Cigaretter.

Vi är grannar

vad mer finns att säga

vi bor bredvid varandra

som vi hamnat.

Nu har jag tagit steget

att formulera

en första version av oss

fastän respekten

för hans skapande

och rutinen i handflatan som metodiskt
arbetar mig

fått mig att tveka

eftersom jag vant mig vid män
som inte

tar någon plats

i mig

vant mig vid att hålla
narrativets alla trådar

i mina flagnande hösthänder.

Det finns ingen berättelse här

bara nutid.

Om sedan vet vi ingenting.

Han har rengjort mina köksluckor

sorterat lådorna

frågat varför jag äger
otroligt många
ätpinnar.

Han har katalogiserat

varje gång han kommer
(på min mage)
hit

ändrar han någonting

till det bättre

tvingar mig källsortera

minnesbanken.

Bär upp en soffa och luktar svett

när han återigen
fyller min hud
mot hallväggen
köksbänken
golvet

med slemhinnedansen.

I hans rum finns

ekrar

färger

hårtestar som hänger framför

ögonen

och vinkar

han har tröttnat på

internet

han har skapat

ett universum

dricker folköl

på den sjunde dagen.

Han behöver mig inte

jag behöver honom

inte

för att bli omhändertagen

på heltid

och

han vet

innan jag sagt det

att man kan tillämpa kärlek

utan mottagare.

Det här trötta

livet

är en brist på

förströelse.
förstörelse.

Jag lägger mitt huvud mot hans mage

tänker att alla varit där förut

skapande kvinnorna

tiotjugo år äldre

precis som mina män

nu är vi här tillsammans

som vi hamnat

och ser på staden från ovan

invid ännu en

cigarett.

Han är redan

bästis

trettio dagar

vid berget

fem

spermasatser

varav jag minns

fyra.

Min läpp är ett hålrum för att utmäta
glappet mellan tiden

och periferin

flyttade bort från staden

för att

komma bort från

staden

inte för att

pendla

han cyklar

på femton minuter

men för mig

är den mentala sträckan

lika lång som

ett sår.

Inuti bersån sitter vi i ösregn

bland röken

och talar om

dionysisk kult.

Vi förstår att båda är fullärda.

Han säger att vi aldrig delat en flaska vin

och jag svarar

att det

är

så

fint

att vi

ännu

inte

gjort

det.

Ett oändligt lugn ser ut såhär:

två gårdar

två dörrar

en olåst

två människor

som vet att de är nära

men inte hör av sig.

Slemmiga hinnorna har gått itu och
ersatts av

en intensiv

fråga

han måste lägga mig tillrätta

och låsa fast armarna

ovanför huvudet

efteråt

minns jag inte

att han varit

i mig

minns inte

brödet på bordet

eller stolarna.

Han säger

det var väl inte en våldtäkt

jag säger

nej

vi är grannar.

Straffet för dålig konst är döden

hans porträtt är vingfasta

lättviktsklenoder
av lösryckta marmorstatyer
jag är förhindrad
att tala

om det han gör

eftersom det övergår
mitt förstånd

han respekterar mina bokryggar

och därför är det svårt för oss att ligga
med varandra

som tomma skal

vi ropar förtvivlat ut i natten

för allt vi har

är ömsesidig respekt och totalt förståelse
(förströelse. förstörelse.)
förlåtelse

vi är grannar.   är vi

Jag skriver att han blivit en sorts

bostad

hans röst

min nattsömn

röda hårtestar mellan husen utgör

språngbrädor

för fantasin

han har alltid sandaler

på min tröskel

jag går hemåt

med bara ben

i morgonljus

spräckta skinkor

under kimonon.

Jag lånar ut våra aktiviteter åt besökare
eftersom jag inte längre vet vad jag ska
ta mig till

när jag inte är

i vår värld
bakom berget
bortom staden

invid regnet.

Jag längtar
hem
fastän jag är

hemma

längtar till honom

fastän han bor

en huskropp bort

men ringer inte

eftersom jag längtar ännu mer
efter

mig.

Nu har jag inte kunnat låta bli

att börja

formulera honom

men det är inte

slutet

eller.

Mitt ansikte

har demolerats

av en höst

vi ännu

väntar

mina fingrar

slits itu av vinden

förut visste jag inte

hur det känns att vilja

döda.

Innan jag avundades de levande

deras levande

läppar.

Han är

rakt igenom

ljus

det är därför

jag

älskar

vårt grannskap

som en hamn

bortom berget

långtfrån staden

under regnet

i bersån.

I december blir han den första
att någonsin
slå mig

när det redan flutit ett liv mellan husen

och han tröttnat en aning

på alla dessa flämtade

ursäkter

men ändå läser en saga

och slår mig

som ingen annan vågat göra

någonsin.
Fastän jag förtjänar

varje

slag.

Och ber om mer. En verklig bön.
Och då vet han ändå
bara hälften

eller mindre.

Oktober har runnit.
November har runnit.

Vi såg dem varken komma eller gå.

Samma berg, samma sprit, samma
försvinnande

in i natten.

Vi bor grannar

men jag är inte hemma.

Han arbetar.

Han gömmer min telefon

och kommer på mina lakan.

Jag tänker:
det är precis som för femton år sedan.

Samma snö.

Samma sperma.

Bara min läpp är trasigare.

Hans handflata sträcker sig

efter min kind

innan jag hunnit

registrera

farten

är rörelsen

avslutad

och återupptagen.

Jag ser på hans axlar

som om de tillhörde

en pojke.

Jag älskar

att se honom i vinterljuset.

Hur han rör sig då

och alltid

som en räv

det luktar Tenutex

i hallen

i sängen

i livet.

Han är min huvudberättelse

trots
allt
som talar emot
trots alla
mina biljetter
och åtaganden

ursäkterna
rinner ur mig
men han lyssnar inte

håller mitt huvud

ner i kudden

väser

åk då

gör vad

fan

du

vill.

Det är tillåtelse: det är uppmaning.

Jag vill stänga min tunga.

Den förtar essensen

av september.

I december talas allting

löst hängande

ifrån narrativet.

Vi är grannar.

Snön är som förut.

Dörren olåst.

Ändå tror jag

att jag ljuger

för det finns så mycket

vi aldrig säger

längre.

Jag vill att han ska vara mitt hem

men han behöver mig inte.

Jag har blivit ett kalhygge.

Kärlek utan ömsesidigt beroende är

enkelriktad välgörenhet.

Och i vår berså

stillnar aldrig

snöfallet.

Natten pågår

vintern

lägger sig

tillrätta.

Han saknar en metereologisk kyla.

Jag saknar honom

fastän vi ligger bredvid

som grannar.   som vi hamnat.

Nästan aldrig har vi sovit

i samma säng.

Vi går hem.

Var och en till sitt tröskelvärde.

Alla mina löften är skaldjur

utan djur

inuti skalet.

Till slut slaknar alla stånd.

Jag säger
jag ska åka bort

han säger
du ska komma hem

hans ilska är påhittad

men träffar ändå mitt ansikte

jag önskar

han var arg på riktigt

men han bryr sig inte
särskilt.

Mer om andra.
Inte mig.

Säger att jag inte får svika min syster

slår mig när jag ändå sviker.

Men inte för vad jag gör mot honom.

Det tillåter han mig.

Fastän jag önskar möta en gräns.

Han har genomskådat mina lager

jag gömmer ansiktet
i hans hår

äter frukost.

Vi är tysta.
Vintern tiger.

Snön är borta.
Timmar vandrar

medan jag sover giftet ur blodet.

Sista vilan i en säng där jag snart inte kan
komma och gå

som ett barn i huset mer.

Kan inte välja en man utan ord.

Jag kan inte välja.

Det är han som väljer

bort.

HAN SKA
VARA HÄR
FÖR ANNARS
ÄR HAN
INGENSTANS

Han
är vackrare än någonting du sett,
därför att han är ful.

Han har blivit vacker för att han blivit ful,
och sedan aldrig upphört
med att vara det.

Det spelar ingen roll vem han kunde varit
eftersom du vet vem han är
och känner hans lukter i gräset.

Han är ditt förlorade medvetande.
Om du varit yngre hade han
depraverat dig,
men som det nu är kan ingen beröva dig
någonting
eftersom du redan bestulits på allt
som någonsin funnits att ta.

Han har blivit ful på samma sätt som du
genom att leva.
Han har blivit vacker som du
utan att stanna.

Han är din glömda sommarskugga,
redan första gången du ser honom.
Han är inte du
eftersom ingen kan vara det.
Alla slutgiltigt ensamma,
från början.

Men han liknar någon
du trodde dig känna igen.

Han är som vackrast när han är ful.
Han står framför dig och du vill redan
be honom gå
eftersom du inte behöver honom.
Han är som du   han går inte.
Ni viker aldrig undan när ni fått vittring.

Du vill hålla honom nära barmen eller
förskjuta honom,

som ett barn.

Du vet han kan förstöra allt du krigat för.

Du vet det genast när du ser honom.

Han är vacker
när han ljuger inför sig själv
och vacker när han trasas sönder.

Du skulle vilja erbjuda en hand
men vet att du är fel person.
Allt hos dig är förgängligt,
ingenting hållfast.
Du är vind

tills du inte ens är det.

Ändå vill du åt hans läppar
trots att de bär vittnesmål
om alla platser han förlorat sig till.

Aldrig förut har någon kommit med så
utblottade fotsulor till dig;
du är van att dyrkas av män.

Ändå går du tillbaka
eftersom det blivit omöjligt för dig
att låta bli.

Du vill inte älska
för du vet inte hur det går till.

Vill bara säga åt honom att inte
vara så ensam,
eftersom det finns två av er
även när du inte är där.

Han är vacker i sina brister
för att de inte utgörs av lögner
han är vacker för dig
och ni för varandra

i den komprimerade evighet det tar
för två människor
att registrera
och uppmäta kärlekens omfång
under loppet av en cigarett.

Sedan slutar ni eftersom ni redan sett
döden anlända i alla sina faser.
Ni vet vad ni talar om
har varit med om allting förut.

Era kroppar är unga
men själarna uråldriga.
Det här är inte för tio år sedan
tanken är redan död.

Han är vacker och du saknar honom
redan när du ser honom
första gången,
eftersom du vet att ni snart måste
spridas ut.

Ingen mer får kliva in i din berättelse.
Du är vacker och du är död och

du är urtida.

Det är din sista sommar:
du lever på lånad tid.

Du vill tränga in i honom
och kolonisera honom
och kalla honom för din egen
men vet att det inte går.

Ni är ett andetag
sedan finns ni inte till.

Ni är som vackrast när ni inte vet om det.

Ni är barn som ännu klamrar sig fast
vid varandras kroppar.

Ni önskar att universum var en
trerumslägenhet
vars yta det gick uppmäta
i hanterliga kvadratmetrar.

Ni önskar ingenting
eftersom era berättelser ligger bakom er.

Ni önskar varandra
i ett plötsligt utfall av nutid
ni vet att ingenting tjänar någonting till

att hoppet utgörs av
en övergiven gårdsplan.

Ni vet allt om förlust och att resa sig igen.
Ni vet ingenting om varandra
och det är *det enda ni inte vet.*

Han är vacker när han reser sig
ur en dvala
och vacker när du ljuger
för hans skull.

Du skulle följa honom vartsomhelst
just nu
och sedan aldrig igen.

Efteråt vet du inte vad du tänkte på.

Du saknar hans läppar när du ligger
i gräset
för han luktade:
jord och rök och förgänglighet.

Du vill ha honom som din egen
men vet att du skulle dö.

Du måste gå,
måste gå genast.

Du gör det
fastän du vet att det är
ett oförlåtligt svek.

Du sviker för att leva
och har blivit bra på det.

Han är som du. Du ber att han ska förstå.

Skriver ett brev
inte för att be om förlåtelse
men för att
ta avsked.

Han är vacker när han får det
vacker när han läser
vacker om
han kan förstå

och du ber inte om mer än att:
få bära minnet av någonting
som aldrig blev
men kunde
blivit
men aldrig
varat.

Du bestämmer dig för att älska honom
nu eller
för evigt,
därför att det går över
på en kort sekund.

Den enda verkliga kärleken
ser sådan ut,
innan man trasat sönder
varandra.

Du vill honom
du vill honom inget illa
du vill honom väl.

Det är därför du går
snabbt och tyst.
Effektiv som du alltid varit.

Lämnar (utan spår)
honom ensam med frågorna.

Du vill inget illa.

Du hoppas att han förstår.

Allt eller inget,
inget eller allt.

Han är som du, du såg det direkt. Vid
första blicken.
Det är därför du måste gå.

För att bespara er båda
slutet
på berättelsen.

Du vill hellre vara
en vacker
ansats
än
ett fall.

Kanske är du pubertal;
den enda rimliga hållningen
i en rakt igenom förljugen verklighet.

Innan åren kom för att förinta
drömmarna om befrielse.

Du vill så gärna att ni ska vara fria.
Det är allt du drömmer.
Allt är det du drömmer.

Du tänker
ni är som vackrast då.
Otillgängliga.
Ensamma och oändliga

(du låtsas inte om lukten
av hans kön
på dina fingrar
som bor kvar)

Du saknar honom
ändlöst
men erkänner det aldrig
för någon.

Du önskar att det fanns någonstans att gå.
Men alla inrättningar är stängda.
En dovare torsdag.

Du vill honom
igen,

men avstår.

ANVÄND
MITT NAMN

Jag har aldrig kysst dig. Det är den
viktigaste förutsättningen. Aldrig kyssa.
Inte lämna några avtryck. Skjuta upp
avslöjandet till efter avfärden. Så jag
tänder en till cigarett fastän jag redan rökt
för många ikväll och lutar mig tillbaka på
bänken. Inte ett ord, inga glipor i
maskeraden. Det här är en lek och snart
är jag på tryggt avstånd inuti ett flygplan.

Lätt som kolsyra. Din park, din hud, inga
vänner. Eftermiddagens bubbla hänger
tung och mållös ovanför våra huvuden
medan vi talar om konsten som om vi
hade något att säga. Du tar dina ord på
största allvar vilket får mig att önska att
jag vore yngre och fortfarande lika
tvärsäker. Jag kommer på mig själv med
att tappa fokus, talar som min dåtid;
upptäcker istället för att proklamera.
Minns inte när jag förändrades, men just
den här eftermiddagen vecklar du upp
mina trådar baklänges tills jag nästan tror
på mig själv. Då är det dags att gå.

Du vet inte vad som krävdes av mig för
att dyka upp nykter, och inte vad det
kostade att gå.

Jag blir galen och skriver till författaren
för att fråga om boken jag vill sända dig
finns i engelsk alternativt portugisisk
översättning. Hon svarar naturligtvis inte.

Nu har jag ingen kvar att vända mig till.

Det konstigaste är att jag aldrig ljög för
dig. Annars ljuger jag alltid. Förutom om
alkoholen, därom höll jag tyst.
Men drack.

Jag lämnar barnet ute i solen för länge
eftersom jag tänker på dig.

Du röker inte ens. Det är helt otroligt. Tar
inte emot en erbjuden cigarett, inte ens
för vänskaps skull. Du jobbar på din
farbrors bar i Belém för att ha råd att
köpa böcker. Det är nästan äckligt. Det är
äckligt. Du läser Clarice Lispector på
originalspråk och är fortfarande yngre än
jag någonsin kommer att bli.

Sanden är sand. Tid som inte stannar.

Köper en bok för att följa din läsning
medströms och föreställer mig hur du
måste ha angripit dig den, i solen på din
favoritplats med utsikt över taken, blåsten
i håret och bröd i plastpåse. Inget pålägg.
Du har antagligen inte råd med det, eller
sätter en ära i försakelsen. Det enda jag
någonsin betalat åt dig är en öl och du
tackade verkligen. De flesta män har krävt
mer än så. Ingen betalar för mig.

Jag försöker säga att du en gång kommer
att möta min dotter istället men du vill
inte höra. Du skriver en dikt där du
uppmanar henne att lyssna till sin
mammas röst. Du döper dikten till min
dotters namn. Du vill att hon ska ta emot
kyssarna jag strör över hennes decennier.

Ärligt talat, jag ljög om min hårfärg. Men
det var nästan sant. Jag är gammal men
åtminstone blond, ännu.

Du är född samma år som min bror men
min bror är ett barn. Jag borde hata dig
för att du är allting jag inte var.

Boken jag vill sända dig har ännu inte
blivit översatt till ett språk du kan läsa.

Hon ser att jag tänker på något annat
men hon vet inte att jag tänker på dig. Jag
ger henne nektariner och majs men är
inte där.

Jag tror nästan att jag är ren igen när jag
är med dig. Att de senaste tio åren faktiskt
inte hänt. Fastän jag vet.

När hon kryper upp i mitt knä känns det
att jag inte förtjänar ömhetsbetygelsen,
men jag blir tacksam. Skamset glad.

Jag har hundra älskare men ingen av dem
är du.

Jag äter nästan bara grönsaker och du
äter nästan bara bröd, men jag röker och
super för att hålla mig vaken. Glömde ta
med mat till dig eftersom jag inte tänkte
på att du kunde vara hungrig; en sådan
som äter innan han går hemifrån och
sedan inte förrän han kommer hem igen.
Du bor med din mor, farmaceuten.

Jag tar färjan över Tejo utan telefon och
kamera, vandrar långsamt genom
eftermiddagsljuset i ett försök att antingen
återvinna mig själv eller gå förlorad.
Röker en cigarett längst ut på piren och
skriver i mitt block. Samma block som
först förde dig till mig när jag satt ensam
på Bar Irreal. Eftersom du inte förstår
mitt språk kan jag låtsas att dikterna blir
redlösa av indigo. Att de har verkshöjd.

Det börjar och slutar med en dikt. Alltid.

När jag kommer in i rummet reser du dig
genast upp och säger mitt namn. Man
kan se att du väntat, fastän vi inte kommit
överens om det. Du köper ingenting till
mig. Du har redan din öl i handen, och
ett uppslaget anteckningsblock.

Du reciterar en dikt av Oscar Wilde som
du har lärt dig utantill. Jag bortser från
det banala i valet. Lyssnar inte på orden
utan känner bara din andedräkt som en
sommarfläkt mot mitt öra, och just då tror
jag att den är ett löfte om något mer.
Dina fingrar är mycket smala, håret
mycket mycket, blicken exploderande.

Du gissar att jag är tjugotre och jag gissar
att du är tjugotre. Båda har fel. Du höjer
till tjugosex. Du har fortfarande fel. Jag
sänker till tjugoett. Jag har fortfarande fel.

Du har precis börjat skriva, för några
månader sedan. Jag har skrivit i ett
decennium.

Du studerar Belas Artes, naturligtvis. Jag
antar att det finns många unga kvinnor på
ditt universitet. Jag tänker inte på det,
inte inatt.

Jag säger att jag är spårvagnsförare. Jag
berättar inte att jag är jurist, vill inte
avslöja hur många år jag slösade bort på
universitetet. Utan att skriva.

Vi är vilka människor som helst. Ändå
kände vi omedelbart igen varandra.

Vi säger att vi inte ska höras mer eftersom
det är vackrast med berättelser som vidrör
utan att flyta in i. Människors enda samtal
och sedan fantasierna.

Nutiden har raserat möjligheten att tappa
bort varandra. Namn existerar överallt,
sökbara, omsättningsbara. Sedan hörs vi
nästa dag och det är bara delvis för att
den är min sista.

Det är du som använder ordet kärlek men
jag låtsas att betydelsen gått förlorad i
översättningen.

Jag säger inte att det finns en man som
väntar mig därhemma. Jag berättar det
viktiga. Jag vet ingenting om din sommar.

Vi fantiserar nästa decennium och dina
resor, platserna du kommer att kalla dina.
Som jag redan gjort. Jag tänker på
sängarna du ska sova i och kunskaperna
du sedan kan ta med dig därifrån, mer
värda än akademiska poäng. Jag kommer
bara att bli äldre och sedan ännu äldre.

Jag skulle gett dig mitt halsband innan jag
for men glömde eftersom jag var berusad.

När jag kommer till min egen stad köper
jag omedelbart en flaska vin och åker hem
till en vän. Lastar av all keramik i hennes
kök. Vi är ute hela natten, fastän jag bara
sov en timme sista dygnet i din stad. De
kommande dagarna fortsätter på samma
sätt. Jag har något kvar inuti som det
krävs intensiva åtgärder för att glömma.

Innan jag åker säger jag att jag ska
komma tillbaka, men kommer jag tillbaka
riskerar jag att bli besviken. Det finns ett
stänk av odödlighet i det som avbryts.
Jag har aldrig kysst dig.

Det är min ungdoms sista sommar och
din första. Snart växer du ifrån mig. Jag
har redan växt ifrån mig själv och låter
mig inte längre imponeras av harangerna

som flödar ur min mun. Inövade
programförklaringar om ett liv jag borde
ha passat på att leva medan tiden ännu
stod på min sida och jublade.

Snart sover staden men inte vi.

Jag kysser alla, vem som helst.
Alla utom dig.

Jag säger: "Skriv till mig om tio år och
berätta vad du gjort." För tio år sedan
hade jag inte haft någonting att säga dig.
Jag var inte jag då.

Jag har ett armbandsur tatuerat på
handleden som visar min dotters
födelsetid. Du planerar aldrig dagarna,
bara går ut genom dörren och låter
staden hända dig. Du påstår att du saknar
terminens rutiner men det märks inte.

Du kommer att möta hösten vid havet
och jag kommer att möta hösten vid ett
annat hav, fast alla hav är väl samma.
Sitter ihop. Men hos dig ropar solen
medan min ruta täcks av gråregn.

Jag tänker på dig. Jag tänker alltid på dig.
När jag inte tänker på dig gör jag det
ändå, i skymundan för mig själv. Hemliga
minnen av tider som aldrig hänt. Än så
länge har jag ett övertag men du hinner
snart ikapp.

Det fanns en eftermiddag då jag blev rädd
och lämnade dig ensam i blåsten. Jag
ångrar mig nu men jag visste inte att våra
timmar var dyrbara, eftersom jag inte
hade upptäckt vem du var för mig. Så är
det nästan jämt med allting, att man inte
vet, och om man vet är det redan försent.
Det var mycket svårt att möta dig nykter,
och att stanna. Jag flyr alltid med en väl
inövad parad av undanflykter.

Går för att dricka ifred. Men att det ens
var möjligt att mötas den dagen. De allra
flesta tråkar ut mitt nyktra jag så mycket
att jag dricker medhavda flaskor i smyg.

Dina ögon. Man får inte tänka så, men
jag gör det ändå. Den mest banala
tanken: dina ögon, ögonen dina, dina
bruna, mina gröna. Hennes blå, långt
borta. Annat land.

Du kan mitt namn och jag ditt men det är
bara du som vågar använda kunskapen.

I den trädgården har du varit många
gånger förut, för mig är besöket det första.
Förut tilläts besökarna att bada i fontänen
men nu står den torrlagd och meningslös.
Jag klistrar fast mina ögon i staden, suger
på takåsarna. Vill aldrig åka men kommer
snart att göra det. Min dotter i det andra
landet, med ögon som går att dyka i.

Att använda folks förnamn är en uttalad
strategi du har för att få dem att känna sig
sedda. Det fungerar. Du reser dig
omedelbart upp och säger mitt namn.
Jag köper vin.

Du läser Hiroshima Mon Amour på min
inrådan och förstår mer av den än vad jag
någonsin gjort. Vågar inte erkänna att jag
aldrig såg klart filmen.

Jag kan aldrig ha varit lika ung som du är
nu, och aldrig så gammal. Alla människor
åldras enligt sin egen kronologiska gåta.

När hon inte är där saknar jag
alkoholisten i mig.
För henne är allting möjligt.

Jag vill att du ska säga mitt namn igen, på
samma sätt som då. Ögonen explosioner.

Jag har levt med konsten men det är du
som kommer att försörja dig på den.

Vad ska dina händer få se som mina
aldrig sett.

Din poesi är helt fri från neuroser, ung
och obruten. Bubblande cider. Min text
är senig och sprucken. Önskar att jag
fortfarande skrev som du, med
övertygelse. Viss om att allt är första
gången. Du skriver en dikt och ger den
mitt namn. Nu är jag i ditt block.

Jag hade velat se våren eller hösten eller
vintern i din stad. Hade velat se dig. Dina
smala ben trasslar ihop sig på parkbänken
och blir liggande i en röra. Det hade
passat med cigarettrök nu men vinden
skulle ändå jagat bort den. Luggen så
oanvänd, inga händer har strukit den ur
dina ögon ännu, förutom farmaceutens.

Du skriver en dikt på telefonen och
transkriberar den till ditt block. Kräver
handens rörelse. Jag har aldrig sett någon
göra så: tvärtom. Dina hängslen smiter åt
mot överkroppen. T-shirten utstuderat
urtvättad därunder, senapsgult storslagen.
Håret arkitektoniskt.

Jag säger att jag alltid tappar bort mina
block men hittar dem igen flera år senare,
så att varje berättelse däri automatiskt
förses med kronologiska håligheter.

Du säger att du aldrig har tappat bort ett
block, men din adress står på första sidan
ifall att.

Du är ung. Yngre än jag orkar drömma.

Jag tar ut död i förskott för att orka liv.
Smular narrativ mellan fingertopparna.

Min dotter i ett annat land med ögon blå
som borde varit nötbruna. Blickar över en
sommartung trädgård som hukar under
sin regnvåta grönska, ser en evighet och
ser förbi.

Mina armar runt din kropp.
Omfamningar som alltid varar två
sekunder för länge, och hur snabbt mina
tygskor rör sig över trottoarer därifrån.

Du hittade mig i dunklet där jag lät
bläckpennan löpa amok mot bladet. Det
gick inte se att det var alkoholen i mig
som skrev. En charad för att mota bort
ensamheten och locka till sig någon som:
du.

Jag är världens äldsta tonåring och du är
världens äldsta tonåring. Alltså är vi lika.

En sista öl innan kiosken stänger, sista
cigarett, sista trappavsats. Sista dröm. Har
slutat lyssna på vad jag själv säger, börjat
posera igen. Talar om musik och fotografi
som konstformer jag ägnar mig åt utan att
behärska, och därför inte har rätt att
blotta andra i. Snicksnack; talar för att
tala. Gamla cirkuskonster. En besvärjelse
för att hålla kvar natten. Jag är en
utsugare av rang.

Jag är inte vuxen och du är inte vuxen.
Det enda som skiljer är mängden
berättelser som präntats in i huden.
Skruven i min högra handled. Minnet av
ett barn som tränger fram.

Du kommer snart att vara bra på allt du
gör. Tiden hejar på dig. Min litteratur har
runnit ut i sanden. Sandalerna slitna invid
vägkanten, ryggsäcken dammig, längtan
intakt. Jag kan stanna varsomhelst
        utom hemma.

Egentligen är det inte åldersskillnaden som avskräcker. Jag har alltid haft vett nog att uppskatta en liten skandal. Vad är det då? Och om allt varit tvärtom? Hade det varit din uppgift att förleda mig i så fall. Istället för som jag gör: vägleda.

Klart att jag är avundsjuk på dig, vem som helst hade varit det. Svartsjuka är en annan sak. Jag är alltför apart för att verkligen hävda ett ägande, och förresten litar jag till det ännu exotiska i min uppenbarelse i den här staden där trottoarerna lyser så förbannat varma mot skymningsljuset när jag promenerar med körsbärslikör i plastglaset på väg till vårt möte på Bar Irreal.

Jag vet att du fortfarande tänker på mig men det kommer snart att avta. Alla vill ha mig. Du också. Det är fortfarande så men min aura kommer att tunnas ut, alldeles strax. Jag vet att utvecklingen är

oundviklig. Du blir bara starkare. Om tio
år en supernova. Livet är både kortare
och längre än någon kan ana. Det beror
helt på från vilket håll man tittar.
Bakåt eller framåt.

Jag vill vara du. Du är väldigt sympatisk.
Farmaceuten har gjort ett bra jobb.

Jag berättar att jag skriver brev på
skrivmaskin. Du blir mycket imponerad
men samlar snabbt ihop ansiktsdragen
och kastar ut blicken över staden. Ögon
bruna blötdjur. Mina kinder tunga av
värmen eller lögnen. Sättet att använda
dåtiden som nutid – jag har förvisso
skrivit men gör det inte mer. Borde inte ta
åt mig äran från hon jag var men lever på
lånade meriter från en ungdom som blivit
mig främmande.

I brist på frihet finns det laster.

Vad skulle vi säga om tio år? Hur många
barn, hur många berättelser. Vilken
berömmelse. Vems.

Jag är världens äldsta barn och du är
världens yngsta vuxen. Eller kanske en
liten gubbe i dina hängslen med bröd i
påse. Inget pålägg, strumpor i skorna trots
den outsinliga hettan. Stillastående
fantasier hänger håglöst ovan takåsarna,
eftermiddagen vajar för vinden.

När grånar ditt första hårstrå? Det
kommer att klä dig. Vad skulle vi säga om
tjugo år? Om vi pratade varje dag till
dess, eller inte en enda gång.

Jag tänker på ditt namn och att jag inte
kan uttala det. Din sommar bara fortgår
och min fortsätter men inte åt samma
håll. Avklippta jeans och en gryning utan
innehåll. Din buss avgår en gång i

timmen, ut mot förstäderna. Jag måste
hinna i tid till ett flygplan.

Du har studerat ett år på universitetet och
avverkat sju eller åtta frisyrer under tiden.
Minst lika många solglasögon. Ändå säger
du att du aldrig köper nya kläder, bara
begagnade plagg på utförsäljning för en
euro stycket. Dina skor är mycket blanka i
eftermiddagsljuset.

Jag skulle vilja hålla om dig som en bror.

Direkt när vi skiljts åt fortsätter jag
att dricka. Rödvin mot den tomma
gryningen, minuter till avfärd.

Du är outhärdlig. Du skriver att du
påbörjat arbetet med din första roman.
Således sitter vi på varsin plats i Europa
och skriver om samma sak.

Senapsnätterna har blivit till augusti.
Du ligger tio år före mig. Har tiden till
godo. Den hejar på dig.

Du skriver att du nått till sidan i ditt block
där jag lämnade en dikt sista natten (för
ett ögonblick sedan) men jag minns inte
vad jag skrev eftersom jag var full och du
säger att du inte kan benämna innehållet
utan att rasera det. Jag låtsas naturligtvis
att jag vet vilken hälsningen är. Men jag
vet ingenting.

Du är högmodig med en ödmjuk
framtoning som kommer att gå förlorad
med tiden. Då blir du en vanlig man.
Mister förmågan att genast resa dig upp
och uttala mitt namn med hela ögonen.

Jag kan inte prata med någon om det jag
skriver och allra minst med dig.
Förrän det är klart.

Senapsnätter flyter omkring över hela
kontinenten, men det är bara jag som har
råd att resa. Din sommar är geografiskt
fixerad till den enda stad jag vill vara i.

Det är omöjligt att fastslå vem som är
vems musa. Det väsentliga är att vi inte är
på samma plats, för saknadens och
arbetets skull. Vi har aldrig kysst varandra
eftersom en sådan åtgärd inte hade fört
oss närmare utan tvärtom riskerat att
förstöra allting. Energin. Essensen.
Den elektriska lilla andningen.

Du är så ung att du villigt erkänner att du
påbörjat din första roman i ett block. Du
vet inte att man inte får tala om arbetet.
Du kanske lyckas tack vare din gränslösa
okunskap. Min bror har kommit in på en
praktisk utbildning, söker lägenhet, bär
tandställning och tvättar bilen med
högtryckstvätt. Ni hade inte haft något att
prata om.

Du är konststuderande men röker inte.
Jag är nästan allt på samma gång men har
aldrig varit konststuderande, och nu är
det redan försent.

Tiden förde mig till alkoholen i avsaknad
av konsten.

Jag drömmer en vinter där vi lever och
arbetar sida vid sida. Än så länge är jag
vacker nog för att bjudas in till veganska
kollektivkök. Tillräckligt mycket
kameleont för att vistas på cinematekets
innergård. Mitt ursprung förlåter åren
och alla skulle älska berättelsen om oss, en
liten stund. Fyra andetag innan åldrandet.
Men jag har en dotter. Mitt decennium
har runnit.

Du använder mina uttryck och jag speglar
minnen av andra tidsåldrar mot dig. När
jag kommer tillbaka till min stad dricker

jag oavbrutet i tre dygn, inuti en annan
identitet. Sedan skriver jag till dig fastän
jag lovat mig själv att låta bli.

Bestämmer att mängden får uppgå till
högst ett meddelande om dagen. Senare
ändrar jag mig till brev.

Det är många år tills du behöver tänka
proportionerligt vad gäller partner; ännu
inväntar du alla sorters äventyr. Själv
lever jag i post-förhållandets era där
allting är men ingenting längre förblir.

Allting måste hållas dolt. Jag skulle aldrig
uttrycka dina ögon i något annat än dikt,
där jag kan gömma mig bakom konsten.

Diogo, vi skriver från varsin plats, på
varsitt språk, men jag tror att innehållet
väsentligen blir detsamma.

Jag svarar att jag inte kan svara det jag vill
svara dig, inte (än)nu, men bekräftar att
även jag har upplevt en kreativ vågrörelse
sedan avfärden. Oorganiserad
koncentration, okoncentrerad
organisation. Jag vill inte beskriva
tillståndet. Det är som med kyssar –
etiketter riskerar att förstöra allting.

Jag älskar en kärlek utan namn.

En enda gång skulle jag vilja ligga bredvid
dig med huden lika blottlagd som
tankarna mellan oss. Stilla slå armarna
om dig, se senapshimlen sjunka utanför.
Bara ligga där och fortsätta tala.

Vi skulle driva varandra till vansinne.
Det är vackrast såhär.
Säger jag mig.

Man kan inte säga vad texten är innan.
Man kan inte säga det.

Det är klart att du inspireras av mig. Du
har aldrig träffat någon som jag, det har
man inte vid din ålder. Det tar tid att bli
osäker på vem man är. Tid för identiteten
att växa bort.

Jag var full när jag kom och full när jag
åkte, men en eftermiddag däremellan var
jag nykter med dig i trädgården med
senapsvinden.

Något i mötet mellan människor som
faktiskt inte vill höra till varandra,
och ingen.

Det är lätt att vara fördömande innan
man hunnit prova misstagen.

Du dricker för att du kan och jag dricker
för att jag inte kan låta bli.

Jag ser dig på ett fotografi omringad av
tre svartklädda kvinnor i tjugoårsåldern
och utställningens kurator, en äldre man
med rufsigt hår. Du bär mönstrad väst
och skrattar. En rutig halsduk som måste
vara alldeles för varm för klimatet till
synes slarvigt påträdd. Vida vita byxor.

Jag berättar för min mor att jag längtar
tillbaka och hon blir mycket hotad av
uttalandet och frågar om jag misstror
naturen hemma. Vilket hem. Hemma är
ditt block.

Jag börjar åtrå dig så snart jag lagt en
kontinent mellan oss. Marginaler.

Flyter i augusti med handen full av sand.

Min gång är elektrisk och ändå kan jag aldrig vara tillräcklig. Det är för mycket tid som förflutit och förvandlats till håligheter, för många liter jag druckit i smyg, på lekplatser och överallt. Om jag vore du. Men det är jag inte.

Du har en syster som är något år äldre. Jag förmodar att hon är en sådan som människor minns tydligt efter att ha träffat henne en enda gång. En gissning.

Jag gömmer mig för min egen familj eftersom deras närvaro tar mig längre bort från dig, genom att förmå mig att glömma vem jag var när vi talade. Ändå återvänder jag till en älskare trots att han har samma effekt. För jag behöver lära mig att glömma dig.

Din tid fortsätter. Vi rasar mot kanten av augusti och sommaren ska snart kantra.

Jag saknar hamnen, jag saknar måsarna,
saknar Atlanten. Dig. Eller snarare mig, i
en kort sekvens av liv innan stiltjen
återuppstod i bröstet. Nu krävs alkohol för
att skapa storm.

Mitt barn leker i sanden men jag leker
inte med henne. Jag skriver om dig. Ord
som skulle behöva förgöras genom
översättning för att nå dig. Vår barriär
består av tid och språk. Ingenting annat.

Du tipsar om en vegansk restaurang i
Zona Franca. Du är inte ens vegan ännu,
men kommer med all säkerhet att bli det.
Du vet inte om att det är så.

Varje någorlunda sund mor bär på en
önskan om att föda barnet *ut ur* sin egen
värld; det är därför min dotters far är av
utländsk härkomst. Istället för döden.

Och du är en sådan som klarar av att stanna men samtidigt försvinna. Rinner vatten mellan mina fingrar.

Jag skriver ett brev till dig. Har stängt dörren för att skriva om dig och umgås därför med dig dagligen, varje timme, men att skriva *om* dig och *till* dig är två fullständigt åtskilda praktiker. Den levande människan är inte textbunden.

Jag har alltid levt bland män eftersom de var de enda människorna jag kände till, som kände igen mig. Har kysst nästan alla men aldrig dig.

Ensam i ett oändligt varmt rum försöker jag frammana bilden av din nakna hud, sådan jag inte betraktat den. Om du vore här, på den enkla bäddmadrassen. Om vi tog av varandra kläderna, om du trängde igenom min hud som du ännu inte gjort

med en kvinna, om jag förlorade minnena
av sand. Om vi inväntade eftermiddagen
med balkongdörrarna öppna mot torget
där kyrkan ruvar tystlåten. Låg kvar när
det senapsskymde för att göra om allting.

Dina ögon har ännu inte hunnit förstöras.
Jag står inte ut med tanken på att det
måste ske. Hon – vem det än blir –
kommer aldrig att vara dig värdig. Ingen
kan vara det. Särskilt inte jag, men det
saknar betydelse – liksom de dagliga
breven jag börjat skicka saknar dignitet.
Du svarar så respektfullt att jag vill gråta.

Det vore fruktansvärt att älska med dig
och upptäcka att du inte är bra på det.

Jag har legat nära hundra svettiga
kroppar och ingen av dem var du.
Ingenstans.

Du säger att din mor inte förstår dig men
pratar aldrig om din far, som inte bor
med er. Jag vet inte var han är, vet inte
om du vet det heller. Min dotter har både
en mamma och pappa men inte just inatt,
när hennes mamma är på långa avvägar
inuti sitt huvud.

Jag berättar för dig att jag tänker använda
ditt namn och hoppas att du ska
godkänna eller rentav glädjas, men skriver
också att jag kommer göra som jag vill
oavsett hur du känner.

Det går precis som jag trott: så snart jag
skrivit till dig om att jag skriver det här,
kan jag inte skriva det längre. Jag har
blottat processen och därmed mörklagt
den. Nu sitter jag ensam i mitt rum och
stirrar på hettan. Fastän jag inte skickat
breven. Klådan stor som sorg. Det finns
hud som inte låter sig lindras av händer.

I ögonblick av största dårskap tänker jag
på Frankrikes president och hans hustru,
hur jag tagit deras åldersskillnad i försvar.
Men det skulle inte vara försvarbart att
göra dig till far åt mitt barn, och förresten
hade vi båda snabbt tröttnat. Du och jag,
hon också.

Jag skulle vilja älska dig i en komprimerad
evighet och sedan ha minnena kvar att
återvända till, som tunga stenar i mina
fickor. Låta dig svepa av mig det här enda
tunna tygstycket och falla på knä som en
levande staty, utan rädsla och utan volym,
bara avta i takt med eftermiddagens
starka solljus, leka fram en skymning värd
att betrakta på avstånd.

Du har aldrig varit äldre än du är precis
nu, vilket kan sägas om vem som helst,
men särskilt om dig medan jag skriver.
Jag låter mig själv tro att du förstår allting,
placerar orden på pappret utan omsorg.

Jag skriver om att skriva som till en vän,
ett enda syskon i ett annars glesbefolkat
universum.

Jag har börjat dricka så mycket att det
inte bekommer mig mer, inte ens förtar
min förmåga. Om vi levde i samma stad
skulle jag dricka utan att berätta det för
dig, och du skulle inte märka något.

Minnet bleknar varje dag och min hjärna
töms på förhoppningar. Jag vill köpa dyra
biljetter, sitta i trädgården när bladen
faller. Vill nästla in nya dikter i ditt block.
Diogo, jag vänder mig till dig eftersom jag
inte har någon annan.

Varje dag skriver jag ett brev men jag
lägger dem inte i kuvert, köper inga
frimärken, skriver inte ner din adress och
lägger inga meddelanden i den röda lådan
som väntar nere på gatan, ett litet stenkast

bort, där pensionärerna samlas på
morgonen och väcker mig ur min
lättvindiga slummer med stackatopladder.

Jag arbetar naken och svettas mycket,
vinet har ingen kraft. Du befinner dig på
en liknande latitud men annorlunda
longitud, och i vilket fall som helst skiljer
det tio år. Inte ens katterna minns våra
namn. Bara vi kan veta allt om
senapshimlarna och hur det blåste en
eftermiddag i juli, men det är redan
längesedan. Längre än mitt hjärta når.

Trådarna från din berättelse hakar inte i
min fastän de borde.

Om jag kunde avbilda dig som en himmel
skulle jag göra det, med stormande
molnbankar väntande under den frätande
solen, tidlösa regnskurar och vidriga
dimpastiller att torka ur ögonvrån.

Nu har sommaren runnit bort och blivit
till ett minne som jag fåfängt skrapar blod
ur. Jag kysste dig inte eftersom jag visste
att jag inte borde, och du kysste mig inte,
och nu delar vi inte längre geografi.
Ett kortfattat möte i tre delar, sedan
livslång undran om en smak vi aldrig
gnidit mot gommen.

Jag fortsätter att röka och dricka och
lämnar återigen bort min dotter för att
resa iväg. Bär dig med mig som en sköld.
Bär inte längre mig själv.

Tänker på de svartögda gasolflickorna vid
din sida, projektet du engagerat dig i. Hur
ditt smaragdgröna leende värmer insidan
av ateljén och att halsduken fallit av i ett
hörn. Det är omöjligt för kuratorn att inte
lägga märke till din iver, som är överallt
och stressar upp de andra kursdeltagarna.
Du vill så gärna leva att du inte ser att du
redan står mitt i skeendet.

Jag är så rädd att missa livet att jag
springer ifrån det. Inte dröjer på en
trappavsats i en två tre minuter och
kräver vad mina läppar har rätt till.

Det är otidsenligt att tro på livsavgörande
möten, så jag gör inte det. Låter mig inte
hindras, fortskrider genom månaderna
som om ingenting hänt. Jag har inte
kantrat, jag skriver nu. Använder inte ens
en bråkdel av vår historia men dröjer
ibland vid ditt namn, som en smekning.
Minnen av någonting som aldrig blev.

Om vi kunde tala och läsa på samma
språk. Men vi kan inte. Det blir alltid en
översättning som kapar essensen och
bakbinder tungorna. Ändå förstår vi
varandra bättre än de flesta, men vad är
det. Ingenting. Det finns så många som
tror sig förstå varandra när de egentligen
bara försöker begripa sitt eget väsen.

Ett mänskligt beteende:
i brist på oss själva söker vi någon annan.

Du skulle inte behöva röra vid mig, det
räckte om jag rörde vid dig. Jag är bättre
på det än någon tjugoårig gasolflicka kan
vara, har tränat i ett decennium eller mer.
Skulle kunna ta hand om dig som en
lillebror, pyssla med kroppsdelarna.
Läka ett litet sår.

Tänker på dig ända tills jag inte gör det.
Då fyller jag på mitt glas, klär mig i
smaragdgrön klänning, borstar håret
blankt och livlöst, fäster stora ringar i
öronen och går ut. Eftermiddagen står
fortfarande stilla men bilarna har börjat
röra sig. Det är fredag, man väntar helg.
Du står på en annan trottoar och röker
inga cigaretter. Jag är inte hos dig, och
sedan inte ens i tanken. Men fotsulorna
påminner om våra steg. Idag eller om tio
år, i vilka städer som helst.

Du ska vårda bilden av mig som en
lättviktsklenod och jag ska polera
konturerna av dina lockar tills oktober
trillar in och berättar huruvida jag lyckats
delegera ansvaret för barnet igen, om
pengarna räcker till ytterligare en flygresa.
Att återse varandra skulle vara det
farligaste någonsin. För alla.
Så är det alltid.

Vi äger inget vi fått av varandra förutom
dikter. Och minnesfragment. Jag vill
översätta dig till en generation jag förstår.
Din ungdom är kaustikneonbaserad.

Förklarar för dig att tanken på att lämna
lägenheten känns som en ansats till att
dyka efter flera dygn av kompakt och
tillförlitlig ensamhet. Jag skriver alltför
långt när jag är full, hanterar orden utan
urskiljning. Men slarvar aldrig med
kommateringen. Den är allt jag har.

Våra rädslor och friheter ser inte likadana
ut och delar inte proportioner. Ändå
utbyter vi dem som transaktionsbara
objekt, jämför erfarenheternas omfattning
och storlek. Du är ung, det har jag visst
sagt för många gånger. Ändå talar du som
någon med liv, sådant som genomfarits
och lagrats i ryggen. Dina ord svalkar min
svettiga hals.

Jag litar inte på att det går resa tillbaka.
Skulle vi stå handfallna i väntan på en
belöning? Jag har benämnt kyssarna vi
aldrig utbytte, förekommit dem och
avlivat myten. Det går inte att kyssa
någon när man redan skrivit om
avsaknaden i ett brev, eller flera.
Fallhöjden alltför tilltagande.

Du har aldrig kysst mig
för du vågade inte.
Inte då och inte sedan.

Nu när dagen är nästan slut skulle jag
vilja gå till vår vanliga bar med dig och
dricka ungefär tre glas för mycket och
sedan stå villrådig under månen eller
gatlyktorna, vilket som, och skiljas åt, och
vända mig om en gång till, och låtsas inte
se att du också vänt dig om.

Dina ögon blir till tystnader som förutspår
nästa sommar: om ett år är du någon
annan. Inte jag. Min tid har slätats ut och
blivit vindruvsskalsbitter. Det söta halkiga
inuti når inte fram.

Glömmer hela tiden vad jag ska göra.
Försöker läsa en bok, men bara för att
kunna skriva om den till dig. Du har hänt
mig, alltså kan du inte överge mig. Det är
inte ditt beslut. Jag har dig kvar.

Lycka är den förhöjda perceptionen
hos ett ögonblicks nattdagis.

Inte alls som glädje utan mer som tjära.
Lyckan är smärtsam för att man vet att
den är sann, och sanningen gör alltid ont,
annars måste den byta namn.

Jag hatar män som inte älskar mig.
Inte för att jag orkar med dem, men det
är orimligt att låta bli att åtrå mig.

Jazz på avstånd, flygplan på avstånd,
slottsruiner på avstånd, cigaretter och
havet nära inpå. En cigg i ena handen och
bläckpennan i den andra; jag kommer
inte närmare mig själv.

Jag älskar dig besinningslöst utan att vilja
ta ansvar för ditt liv. Vill bara äga, veta
säkert att du förlorat din ungdom till mig.

Det är enkelt att kissa i sand. Man ruvar
tills det försvinner.

Jag ligger med mig själv om
eftermiddagarna och skriker när jag når
smärtgränsen. Vissa skulle kalla ljuden
genomträngande, jag säger: nödvändiga.
Då är det alltså sant att allting bara blir
värre. Önskar att jag orkade sjunga en
sång, eller minnas ett ord, vilket som helst.

Min sommar är tung som träd, huden
fuktig, vaderna svullnar till dubbel volym.
Jag kan inte röra mig ifrån det stekta
rummet, ligger och parafraserar dåtiden
endast iklädd smaragdgrön sorg. Tänker
på dina senapsarmar och långsmala
potential till mustascher. Timmarna
upptar samma plats som du skulle ha gjort
i mig.

Jag kan inte sluta röka eftersom jag aldrig
börjat. Cigaretterna är en övergiven gest
jag bär med mig utan att notera. Med
alkoholen är det en annan sak. Den är
överallt, upptar utrymme och skälver.

Det finns dagar då jag helt glömmer bort
dig eftersom jag blivit någon annan, när
jag lever som den jag var. En mamma.
Hänger tung och livlös invid strandkanter
och sippar saft ur plastmugg.

Det här är sand men inte döden.

På skrivbordet ett tunt häfte av hopsydda
blad som alla bär ditt namn, men jag
vågar inte skicka någonting. Orden väger
för lätt eller tungt, förlorar i betydelse om
de avslöjas. Tanken på att skriva ännu ett
brev till dig tråkar ut mig. Jag har inte ens
någon lust att dricka. Sommaren har
blivit en kuliss vilken vägrar att låta sig
ommöbleras; här står värmen och förgås i
sina utdunstningar. Åren passerar gradvis
i en stigande temperatur. Jag duschar
men är lika klistrig som förut, smetig på
ett sätt jag aldrig varit med dig. Tar tid på
mig för att forcera trapporna.

Sedan slänger jag ner arken i lådan, rätt
frankerade, med en någorlunda korrekt
adress. Ångrar mig genast och vill kapa
armen. Går till stranden och badar i
toxiskt vatten, vandrar avigt bland
neonfärgade motionärer och vill förutspå
hur orden kommer att träffa dig, i den
mån de alls når fram. Att vara där som en
mask i din spegel. Hålla näsan nära ditt
kortaste andetag.

Hur mycket inhemsk likör får man dricka
när det snart är dags att stiga upp? Det
beror på nationen, drycken och värmen. I
denna hettan nästan hur mycket som helst
för att hedra minnet av de svala vindar
som svepte in våra lår i socker när vi var
tillsammans.

Det stod i brevet att jag vill kyssa dig.
Såklart jag ville hugga av armen när den
tappat orden, genom springan.

Vet inte ens varför jag fyller på mitt
vinglas längre, annat än för att hitta ett
sätt att ta mig ut härifrån. Känner mig
instängd och övervakad. Vill slå bakut.
Vet att mina känslor saknar reell
innebörd. De står inte i kontakt med
verkligheten. Vill ha det så, är nöjd när
vinet äntligen tar.

Hösten är en okänd geografisk angivelse
som saknar motstycke, vare sig i förfluten
tid eller den framtida realism vi inte
undkommer. Jag ska försöka ta mig till dig
genom att köpa biljetter fastän jag innerst
inne vet att ingen kan återse någon
annan, någonsin. Eftersom människan
ständigt förändras. Särskilt i ungdomen
när potentialen för svek är störst.

Det är natt, det är tyst, det är stilla. Jag
dricker precis som när jag lämnade dig.
En annan likör men samma betydelse;
        jag behöver vara ensam.

Mina fingrar vill bosätta sig bland dina
halskonturer tills de lärt sig vegetationen
utantill. Vem ska tämja dina öron? Jag
har ett par läppar som putar ut, tramsar
och åbäkar sig för vinden. En toxisk klåda
på överarmarna och nästan inga ögon.

Om du vore här, eller vem som helst. Om
jag vore där, eller någonstans. Men jag är
alltid här och du rör dig i din egen
evighet. Allt rörligare med tiden.
Eldfängd och klaustrofobisk.

Alldeles nyss var jag ung men nu har
simhuden runnit ifrån mig. Du letar efter
hårda ord du ännu inte lärt dig, inuti din
sötma. Jag vill suga tänderna ur munnen
på dig tills du inte har någonting kvar att
tugga med.

Vill behålla dig som en garant, för att
någon ska tro att jag lever skriftens liv.

Hör på mig: natten kommer väldig som
en katakomb och sveper bort alla
luftballonger från sinnelaget. Om jag
kunde lyssna på fado nu, men det kan jag
inte. Hålla din hand som en död älg i
mörkret. Vi borde skicka musik till
varandra för att tänja ut minnets omfång.

Sedan kliver jag ur en identitet in i en
annan, och det blir omöjligt att vare sig
skriva om eller till dig på flera veckor,
eftersom jag i allt väsentligt blivit till
någon annan utan samröre med våra
minnen. Ingenting kunde beröra mig
mindre. Hon var aldrig jag / du inte han
/ vi aldrig där.

Har inte glömt dig – har glömt mig själv.
Är inte den jag var. Väntar på att vakna
upp eller att tiden ska falla ner i knädjup
glömska. Jag väntar utan att veta på vad.
Står och ser på floden utan att den rör sig
framåt. Det här är inte själens arktiska is.

Jag minns inte sommaren för jag minns
ingenting. Mitt namn klingar falskt när
jag tar i hand och dina händer vet jag
överhuvudtaget ingenting om. Jag har
aldrig kysst dem, inte rört vid dig. Inte så.
På söndagarna berusar jag mig alltid
ensam och idag är inget undantag. Inte
ens genom dimmorna kan jag se dig. Jag
undrar var du är, undrar var jag är.
Vem som är mitt jag. Utanför texten.

Du sade att jag fick använda ditt namn,
men är det samma sak som att missbruka
det? Hur länge får jag släpa dig i min
smuts innan du återuppstår och kapar
banden med ett enda utdraget vrål rakt ur
lungornas tunga väv.

Jag bär hundarnas skam och skriver
ingenting mer till dig. Åker till min stad
och skaffar ett anständigt liv. Det vill säga:
att jag glömmer dig med flit. Accepterar
tillvarons oundgängliga begränsningar.

Slutar att vara vid liv.
Det är inte vansinnig jag är,
men nästan allting annat.

Det finns inget namn för vad jag lider av.
Jag skulle kunna använda ditt namn för
att beteckna sjukdomen, men jag låter bli.

Ändå slutar jag aldrig hoppas att du ska
hinna ikapp mig.

Årstiden tar fart och du är inuti ett
skeende. Jag behöver inte se det för att
veta, känner din tid. Har själv varit sådär
ung och oberäknelig, beredd att
kolonisera varje öppning i berättelsen.
Det är bara jag som sitter fast och stirrar
på löven i en stad du inte vet någonting
om. Det är bara jag. Bara jag här nu.

Balkonger är ensamma platser på
nätterna. Stadsdelar likadana.

Vi är för unga för att ringa och för gamla
för att skriva brev. Jag vet inte om du
förstår. När jag var i din ålder var du nio.
I allt väsentligt ett barn med lockigt hår,
liksom min dotter nu. En utforskande
katalysator utan innebörd. Jag gick sönder
innan du lärde dig att stava felfritt.
Nu längtar jag utan att veta till vad.

Din tillvaro utgör mitt hinder; skulle åka
igen om jag visste att jag inte riskerade att
avbryta någonting, men jag känner din tid
i mig, känner dig. Sommaren kom för att
gå. Dina floder rör sig annorlunda nu,
våra nätter blir reliker. Stövar in i dimma
och förlorar sin lust till ett fuktigt hav.

Jag använder temporära benämningar för
att undvika ditt namn. Jag lär mig att leva
med skoskav.

Ett mänskligt tillhåll: fabulerad kärlek.

Bara på söndagarna tänker jag på dig, en stund om eftermiddagen. Sedan tar jag cykeln till parken och berusar mig på det mest brutala vis, liggande raklång i gräset. Bryr mig inte om vem som ser. Har tänkt färdigt för dagen.

Du är förbunden med staden och jag kan inte skilja er åt. Saknar båda entiteterna likvärdigt, varsin evighet. Saknar dina ögon, saknar trottoarer, minns vagt vem jag kanske var. En sekund innan planet lyfte. Nu är hon inte kvar.

Jag skriver även när jag inte vet att jag skriver och sedan slutar jag.

Oron slår rot men den är inte farlig. Jag visste alltid att jag skulle sörja dig, redan från vårt första andetag. När du såg mig med boken i handen. Allting är som det var menat att bli. Vi är som vi var: inte.

Ändå har saknaden en särskild färg.
Slutar att läsa Clarice eftersom hon inte
längre intresserar mig, börjar återigen om
med Thomas Bernhard. Hans monologer
förtär mig. Jag slutar aldrig läsa, inte ens
nu. Jag kräver ett annat sinnelag. Är
belåtet bitter och avskalat ödelagd,
ironiskt lycklig, återhållet svagsint.

Sinnesförvirrat barbarisk i vissa stunder,
strax före matdags. Sedan lägger jag av.
Jag skickar ingen bok och skriver inte fler
brev, allt är över, min ungdom är över.
Ditt blod rinner över kontinenten som
sockervadd. Inte ens på skrivmaskin kan
jag skriva till dig – absolut inte för hand.
Böckerna jag läser saknar mening och jag
återvänder till universitetet för att än en
gång förkovra mig, trots att åren runnit ur
mitt sköte. Jag vänder tillbaka för att vara
som du. Jag vänder tillbaka. Jag glömmer.

Vad det kostar att glömma.

Tänder en till cigarett i november som
om jag fortfarande rökte. Du röker inte.
Jag har visst glömt allting.

Tror du på otur? Jag med. Oändlig slump
utan ansvar. Olyckor som schemalagts på
förhand. Jag tror på att överleva, med nöd
och näppe. Mest nöd. Utan hårsmån.

Handlar mat åt min dotter och stretar i
vinden. Din potential ska inte få rasera
min instinkt. Jag vet redan vilka namn jag
skulle givit dig, om du någonsin svek mig.
Men du hann aldrig. Nu är jag ursinnig
och hal.

Din tid kommer att vara fylld av ängsligt
hopp och min av hoppfull ängslan, men
upplevelserna korresponderar inte och
står inte i förbindelse med varandra.
Människor återser aldrig varandra
eftersom de hela tiden förändras.

Skrivbordet är inte liv. Det är motsatsen
till liv, men ett nästan fullgott alternativ.
Det är vad ensamma människor har
istället för samvaro, eftersom de valt det.
Skrivbordet är mitt liv men inte andras.
Det är inte vad andra människor menar
när de talar om ett liv. Då har jag inget
liv. Jag har en grundläggande tystnad som
kan brytas tillfälligt av vissa människor.
Människorna kan vara du. Jag har mig,
fastän texten sedan länge håller de mest
vitala delarna tagna i förvar. Det är inte
så illa. Det är vad det är, som allting är.

Så är det.

Det är verkligen bara på söndagarna, och
vissa andra dagar. Nästan inga. Nästan
ingenting. Du finns nästan inte kvar. Inte
jag heller. Inga minnen och inga kramper.
Ingen wellpapp att skydda sorgen med.
Jag glider mellan årstiderna som ovanpå
tangenter. Är lakonisk, men inte död.

Fortfarande är jag långt ifrån döden, men aldrig lika långt som du. Ditt avstånd växer medan min själ krymper. Jag går till lekplatsen och sedan tillbaka hem för att ta ett bad. Mitt barn skriker men jag stänger dörren och för fingrarna till detta centrum. Universum tystas inte av skval.

Om du förde fingrarna till mitt epicentrum skulle jag ligga död under dig och fråga vad köttet betyder. Glesna medan du tilltog. Om du letade efter sinnesförnimmelser i mina torrskodda lysrörsmiljöer skulle jag kalla dig för ett barn. Om du viskade nya sommarfläktar mot mitt öra skulle jag gå ut på balkongen och gråta.

Sedan ringer du inte. Och sedan skriver du inte. Och det är precis som det ska vara. Diogo. Jag har skrapat ditt namn mot min tunga. Aldrig kysst dig. Det är precis som det ska vara.

Diogo. Ett namn bland andra. Jag har aldrig kysst en man med det namnet. Nu går jag in i en stad. Diogo. Ett ord, en sorts förekomst av liv. På en plats där ingenting annars blev av. Jag bär med mig minnet snarare än namnet, namnet snarare än kyssen, kyssen snarare än snaran, och snart finns ingenting kvar. Diogo. Ett namn till minne om halsen, oket jag släpade in i hösten, drömmen jag inte valde, orden jag inte hörde, tiden jag inte tämjde, ledan jag aldrig vande mig vid, skulden jag inte bar, linan som inte löptes, ropet som aldrig kom, segern som inte kröntes, livet som inte rann, tårar aldrig fällda, livsgnistor i natten som släcktes, trolösa kapuschonger på halkigt övergivna torg. Diogo. Jag vill inte ha dig. Jag ville att du skulle berätta för mig vem jag hade kunnat vara i en annan version. Men min berättelse är min, din tunga är din, och de hör inte ihop. Diogo. Gå, innan tiden går ifrån. Nu har jag använt ditt namn. Gå, innan tiden hinner ikapp.

JAG MÅSTE SE PÅ
DIG ETT
ÖGONBLICK
FÖRE DÖDEN
FÖR ATT
MARKERA ATT
VI NÅGONSIN
RÖRDE OSS
MOT VARANDRA

Visste inte att det var inatt jag skulle
skriva om dig

fastän jag naturligtvis alltid vetat.

Du var alltid där. Aldrig närvarande.
Alltid ett halvt steg ifrån texten.
Ett halvt glas.

Jag vände mig till dig. Jag vänder mig till
dig ännu
inatt.

Du lever. Fortfarande. Inte så länge.

Jag ville sträcka ut en hand.
Jag gav dig en flaska.
Det var så vi kände igen varandra.

Du var där. Det var du som sov i sängen.
Det var du som aldrig fick mig.
Det var du som var nära,
men bara precis bredvid.
Nära att komma in i berättelsen.

Detta är textens sista natt
och jag vänder mig fortfarande till dig.
Du ska andas. Inatt ska du också andas.
Inatt ska du sjunka in i din säng och
ännu vara människa.

Dina skor i hallen. Du äger inte en jacka.
Din hatt har jag fått.

Jag vänder mig.

Jag tänker på dig. Du på mig, men inte
som kärlekar. Bara sidor för vinden. Vi
blåser. Vi hinner aldrig fram. Inte i tid.

Vi skriker varandras namn i hundra
hållplatskurer medan årstiderna rullar
förbi. Vi har aldrig glömt varandra, men
heller aldrig hunnit fram.
Ett avtalat möte är redan ett svek.
Det enda vi inte vet är vem som sviker
denna gången.

Hundra samlade nätter.

Hundra utspridda nätter.

Du andas. Jag skriver för att veta det.

Om du slutar andas är texten död. Jag vill
vara hos dig men har aldrig varit det. Jag
glömde dig innan jag kysst dig. Jag har
kysst dig hundra gånger och glömt dem
alla. Vi var aldrig där.

Vi hann aldrig fram. Och detta är redan
vinter.
En sista natt. Jag vill göra titeln längre än
livet.
Jag vill göra livet längre, men det går inte.

Vi dör. Sedan:

Du håller andan inuti luften och försöker
falla i sömn. Jag sover inte eftersom jag
skriver. Jag är inte där, inte hos dig. Inte
här heller. Jag är ingenstans.
Du är på väg bort.

Vi kanar mot varandra
tills vi ändrar riktning.
Aldrig att våra kroppar hinner fram.

Jag visste alltid att jag skulle skriva om dig
men skrev aldrig.
Inte ett ord.

Förrän nu.

Du är ensam och jag med men vi delar
inte upplevelsen för vi har lika stora
hemligheter att maskera med
tillkämpad autonomi.

Vi klär oss i andra människors lakan.
Vi kan inga vardagslögner.
Vi vet bara fabler som blåser upp
näsborrarna.
Vi vet bara det vi vet.

Vi är nästan som människor. Bara fulare.

Bara vackrare.
Bara löjligare.
Bara djupare nedsjunkna
i tysta böner.

Ingen ber nuförtiden.
Bara i natten.

Hållplatskur på hållplatskur och
bensinmackar som skriker
jag vill ha dig
till vadå.

Hur ska du ha råd med Tenutex.
Jag vill skriva om vem du inte är.

Jag vill skriva om vad jag såg i dina ögon
just innan du såg bort
när vi satt på gräsmattan
med folköl
och du
nästan var där
för en gångs skull.

Det finns ingen stolthet i dig.
Det är därför jag skulle kunna älska dig
om du inte var döende
i din egen
sjukdom.

Jag kom för att skriva om dig
på eftermiddagen.
I min vita skjorta som ett hån
till dina cigaretter.
Du hade just vaknat.
Det var det värsta jag sett.
Jag som sett allt

som sett mig.

Nu är det vinter och du har skaffat katt.
Det gör mig mer ont än nödvändigt, men
sårbarhet värker. Sluta påminna mig om
att du varit en människa. Du får mig att
vilja älska dig.

Du får mig att vilja rädda dig
men ingen kan rädda någon annan
och förresten behöver jag själv
lika mycket frälsning.
Men inte av en katt; jag hatar pälsdjur.

Jag ska söka dig igen.
Jag ska vara
din igen.
Men så flyktigt att det
nästan
inte
hänt.

Vad är kärleken värd
om ingen minns den?
Vem får kalla en annan kropp nära
utan att ge den ett namn.

Vi

får

eftersom

vi

kände

igen

varandras

oförmåga

från

start.

Jag vill kyssa dig nu. Utan namn.

Ingen sorg på Inägogatan.

Att älska dig

är att älska tomrummet

mellan vardagen

och det som aldrig sker.

Bara talrika nätter utan mål.

Jag ska ge dig ett svar

om du inte frågar.

Du ska fråga när jag inte hör.

Jag ska komma till dig
när du inte ber om det.
Du ska be när jag inte svarar.
Jag ska svara när du gått din väg.
Du ska gå för att träffa alla andra.
Jag ska träffa dig när vi glömt varandra.
Vi ska glömma varandra samma sekund.

Lika lätt
(allt är vad det måste)
som vi glömde förr.

En gång såg jag dig och du var död.

Vi har svikit alla och därför blivit kvar för
varandra. Jag ringde på din dörr.
Du öppnade.

Du trodde det var någon annan
(att se på dig lite är

          att se på dig mycket)

              öl i

plastkasse för att betala min väg in.
Sedan brev.

Sedan ögon, sedan cigaretter, sedan
kyssar, sedan biljetter.
Du har bett mig att
laga mat med dig
men
jag kan inte se oss
inbegripna i ett samtal

som människor.

Jag har förväxlat dig
med namnen på mina nätter

vilka saknar namn.

Jag har saknat ditt namn.

Varje gång jag valde dig
var det natten jag valde

och varje gång du föreslog mig
var det dagen du ville
undersöka
om den fanns.

När vi såg på den var dagen inte kvar.
Jag kan inte rädda dig
för jag ville
förlora
i
dig
och
för vinsten
gick
jag
åt ett
annat

håll.
Du hoppas förgäves på en färglös amöba.

Du sov på sängen förstår du
så djupt och välförtjänt
dovare än
ett barn.

Du sov
och jag låg.
Med honom i köket.

Vid vårt rostade bröd,

som jag

lovat dig

men du

somnade

ifrån.

Skriv till mig i alla dagar.

Jag älskar dig inatt.

Jag svarar när jag blir full.

Om jag kunde.

Men jag kan inte.

Jag ska lösgöra ett sista ord ur mitt svavel

för att förklara vem du är

för mig

:

du är drömmen

jag aldrig hann

frammana

innan den låg tvärsöver mig

och andades

som en människa.

Inatt är du fortfarande levande.

Vi är inte tillsammans,
inte på samma plats.

Jag skriver och du söker mörkret.
När du söker ljuset skriver jag.
När jag söker räddning är du inuti natten.
När du vill bli räddad är jag redan fången
i en ny dag.

Vi är aldrig i fas.
Har aldrig varit på samma plats samtidigt.
Bara alldeles bredvid
på din soffa en torsdag.
Vilken årstid som helst.
Jag var vit.
Du nyvaken.
solstrimmiga katter mot väggen
huden vänjer sig
långsamt
omständligt
vid talet

du står i köket

det finns ett enda ord i hela språket

DÖDEN

det är banalt

för att det är sant

att ingen kan skratta bort det

med bostadsrätt, karriär, entrecôte

carport

barn

du rör dig så nära döden

jag ville så gärna se dig

innan du

går

bränn ett virke som brinner

lev så att det hörs

tänj tills det brister

visst är det sant att

allting börjar om

och ditt namn ska vara: vaken
och det som gör dig bättre än andra är
detta:
att du behöver mig

du är den enda man
i hela världen
som behöver
mig

så stålarna spelar ingen roll.

Drivved.
Jag ska gå till dig när det skymmer
i min tygvita härskarskrud
för att besitta dig
en sista gång

och sedan dör du.

Och jag får ett nytt jobb.